メスティンレシピ

メスティン愛好会／著

山と溪谷社

はじめに

スウェーデン発祥のポータブルストーブ製品を主に扱うメーカー「トランギア」は、日本でもアルコールストーブのメーカーとして、山好き・ハイカーの中では有名です。

そんなトランギアが扱うアルミ製の飯ごう「メスティン」が、人気を集めています。

その秘密は見た目にあるかもしれません。シンプルなデザインで、飽きがこない。

また、シンプルながら用途の幅が広いことが挙げられます。飯ごうとしてご飯を炊くことはもちろん、煮る・蒸す・炒める・燻すと、さまざまな調理法に対応しています。

それでいて、2000円にも満たないコストパフォーマンスの高さも魅力のひとつでしょう。

そのためか、大手ネットショッピングサイトでは、600を超えるレビューがついていながら、平均評価も実に高い数値を維持しています。

本書では、メスティンを使った、さまざまなレシピを紹介しています。レシピを参考にしていただきつつ、日々の食事に、ピクニックや登山にまで、あらゆるシーンでメスティンでの食事を楽しんでいただければと思います。

LOVE MESSTIN!

メスティン愛好会

Contents 1

序章　「メスティンを知る」 ……… 10

1　万能調理器具・メスティンの魅力 ……… 12
2　メスティンのサイズ ……… 13
3　メスティンの特長 ……… 14
4　メスティンを使う前の儀式 ……… 16
5　メスティンでご飯を炊こう ……… 18
6　固形燃料で自動炊飯しよう！ ……… 20
7　周辺アイテムをそろえよう！ ……… 22
8　メスティン収納術 ……… 24

第1章　「炊く」 ……… 26

簡単ビリヤニ ……… 28
塩鮭ご飯 ……… 30
ガパオライス ……… 32
カオマンガイ ……… 34
あさりとコーンご飯 ……… 36
あさりたっぷりパエリア ……… 37
ドライカレー ……… 38
W卵の親子丼 ……… 40
のっけオムライス ……… 42
インスタグラマーのアイデア料理「炊き込みご飯編」 ……… 44

第2章　「煮る」 ……… 46

味噌煮込みうどん ……… 48
グラタンドフィノア ……… 50
キャベツのポトフ ……… 52
鶏肉とトマトのフォー ……… 53
レモンパスタ ……… 54
豚肉と白菜のミルフィーユ鍋 ……… 55
きのこアヒージョ ……… 56
ミックスフルーツコンポート ……… 57
鶏手羽中のビール煮 ……… 58
しらすとブロッコリーの和ヒージョ ……… 59
いちじくとオレンジの白ワイン煮 ……… 60
旬野菜のゼリー寄せ ……… 62
インスタグラマーのアイデア料理「煮る編」 ……… 68

7

Contents 2

第3章 「蒸す」 …… 68

- 肉詰めズッキーニ …… 70
- コーヒー蒸しパン …… 72
- クスクスサラダ …… 74
- リンゴとプラムのワイン蒸し …… 75
- ごちそうポテサラ …… 76
- ホットサラダ …… 78
- 温玉まぜ麺 …… 79
- 魚介のエスニック蒸し …… 80
- レモンローズマリーチキン …… 81
- あさりとそら豆のレモンハーブワイン蒸し …… 82

第4章 「炒める・焼く」 …… 84

- 簡単フレンチトースト …… 86
- 新じゃがのジャーマンポテト …… 88
- ローストビーフ …… 89
- ボンゴレビアンコ …… 90
- オイルサーディンのアラビアータ風 …… 92
- 豚キムチ厚揚げはさみ焼き …… 94
- ミートパイ …… 96
- ホットサンド …… 98
- スパイスキャロットケーキ …… 100
- ふわふわお好み焼き …… 102
- チリコーントマト …… 104
- イスタグラマーのアイデア料理「炒める編」 …… 106

第5章 「燻す」 …… 108

- ツナのコクうま燻製 …… 110
- 香ばしイカ燻製 …… 111
- 絶品子持ちししゃも燻製 …… 112
- 旨味ぎっしり豚燻製 …… 113

- メスティンマニアさんの食卓 …… 114
- ヤマケイオンラインユーザーのアイデア料理「山登り編」 …… 116
- メスティンをお弁当箱に！ …… 120
- インスタグラマーのアイデア料理「お弁当編」 …… 124
- レシピ・アイデア提供者 …… 126

序章

「メスティンを知る」

Prologue

まずはメスティンの機能や
有用性について理解を深めましょう。
シンプル設計で安価な調理器具ながら、
多機能であらゆる調理法に対応する
メスティンの実力を知れば、
メスティン愛が深まること間違いなし。

1 万能調理器具・メスティンの魅力

イワタニ・プリムスが展開するトランギアの人気飯ごう「メスティン」。アルミ製で、高い熱伝導率により熱が全体にまわりやすく、ご飯が美味しく炊けることが魅力だ。非常に軽く、登山を楽しむ人にも多く愛用されている。また、見た目のシンプルさやレトロな雰囲気から、登山やアウトドアを楽しむ人に限らず、幅広い層から人気を集めている。

ハンドルは
黒と赤が
あります!

問合せ先：トランギア／イワタニ・プリムス(☎03-3555-5605)

メスティンのサイズ

メスティンのサイズは2種類ある。通常サイズを仮にノーマルメスティンとして、ラージサイズが展開されている。どちらもその見た目からアルミ製のレトロな弁当箱のように見えるが、想像以上に深さがあるのが特徴。ノーマルサイズは完全に1人用といったところだが、ラージサイズでは約3.5合の炊飯が可能。登山の際には調理周辺アイテムを収納するのにも便利だ。

ノーマルメスティン 重量 150g 容量 750ml
TR-210
1600円＋税

ラージメスティン 重量 270g 容量 1,350ml
TR-209
2500円＋税

メスティンの特長

メスティンの調理における特長は、先にも述べたとおり熱伝導率の高さにある。ご飯を炊くことが本職だが、煮込み料理や麺類を茹でるのはもちろん、炒め物や蒸し料理にも使えるし、網を敷くことで燻製料理まで作れてしまう、オールマイティに活躍する万能調理器具なのだ。低コストで購入できる点も踏まえれば、コストパフォーマンスの高さはもはや驚きである。

基本的には飯ごう

ベーシックな役割は飯ごうだ。炊き方は次頁で紹介するが、慣れてしまえば失敗することはほぼない。それでいて、炊飯器より美味しく炊けてしまう（過程を楽しんでいる付加価値のせいか）。とにかく一度は試してほしい！

煮込み料理も得意

炊けるということは、当然、煮る・茹でるはお手のもの。特に登山ではシンプルに調理したいものであるから、飯ごう以外の使い方としてはこちらの頻度が高いかもしれない。ラーメンやパスタなど1人分を作るのに適している。

フライパンとしても使える

肉を焼いたり炒め物を作ることもできるが、表面はただのアルミのため焦げ付きやすい。表面加工されたクッカーと同じ感覚で調理すると失敗することになる。油を多めに使う、目を離さないなど注意が必要だ。

意外と蒸し物に向いている

高い熱伝導率を誇るメスティンは、実は蒸し物に向いている。水分があるおかげで炒め物ほど失敗をすることもないので、蒸し焼きにするレシピがオススメだ。食材にも全体的に熱が通るので、実に美味しくできる。

燻製料理も楽しめる

前述のとおり、メスティンは思いのほか深さがあるため、中に網を敷いてもその上に食材をのせる十分なスペースがある。底にアルミホイルを敷いて、その上にチップ、網、食材の順に置いて行なう。

メスティンを使う前の儀式

メスティンを購入したら、調理を始める前にまずやることがある。それが「バリ取り」と「シーズニング」だ。少々手間のかかる作業ではあるが、メスティン自体を低コストで購入できることを考えればそれほど気にならないだろう。最初の1回行なうだけでよいし、むしろこの手間がメスティンを育てている感覚を呼び起こし、メスティン愛を深める行為ともなるのだ。

バリ取り

購入したてのメスティンのふちを触ってみると、ざらざらしているのがわかる。不意に指を傷つけてしまう可能性もあるため、バリ取りは欠かせない作業なのだ。

1 目の細かいサンドペーパーと軍手や革手袋などを用意する。

2 本体と蓋のふちの部分をサンドペーパーで磨いていく。

3 指で触ってみて、ざらつきを感じなくなれば完了。

シーズニング

シーズニングとは、鉄製の鍋を使い始める際に油に慣らす作業のことを指すが、メスティンの場合は米のとぎ汁を使う。これを行なうことでアルミ臭を軽減させ、火にかけた際に出る黒ずみを防ぐことができる。

1 米のとぎ汁をメスティンが浸かる量、鍋に入れる。

2 メスティンを浸して火にかける。

3 15〜20分ほど煮込めば米の皮膜ができる。

焦げ付きにくいメスティン

アルミ製のため焦げ付きに注意したいメスティンだが、より焦げ付きにくいノンスティック加工を施したメスティンが販売されている。調理後はキッチンペーパーなどで拭くだけで汚れも落とせるので、手入れも簡単。登山のときは水や洗剤を使用できないため、劇的に便利になる。

NS メスティン

5000円＋税

問合せ先：快速旅団（http://www.kaisoku.org/）

メスティンでご飯を炊こう

バリ取りやシーズニングを終えたら、いよいよメスティンでご飯を炊いてみよう。さて、なぜメスティンでの炊飯が失敗しないのか。それは、炊飯で最も重要な水の量を、測ることなく視覚で確認できてしまう点にある。これさえ覚えてしまえば、誰でも失敗することはない。愛好家たちがメスティンに惚れ込む理由は、システマチックにご飯が炊けることにもあるのだ。

米を1合炊くときの目安の水の量

米1合（180㎖）を炊くのに必要な水の量は、200㎖が目安だが、登山時などは正確な水の量を測るのは困難だ。しかし、メスティンには本体とハンドルをつなぐ2つの結合部（リベット）があり、この丸の直径に合わせて水の量を入れるだけでOK。計量カップなどは不要なのだ。

> 水の量は直径に合わせるのが基本。硬めが好みならリベットの下側に、軟らかめが好みなら上側に合わせよう。

① しっかりと吸水させる

米を入れて好みの量の水を入れたら、30分〜1時間程度、しっかりと吸水をさせる（吸水はメスティンでの炊飯でなくても大切です）。

② 約17〜20分炊く

①を中火にかける。途中噴きこぼれてくるので、必要であれば上に石や缶詰をのせる。15〜20分ほどでパチパチという音がしなくなったら火から下ろす。

> 真ん中が焦げやすいので、時折火の当たる位置を変えてもOK。

> ひっくり返すことで、底にある水分を全体に行き渡らせる。

③ 逆さまにして蒸らす

火傷しないように、軍手や革手袋、布などにくるんで逆さまにして、15分ほど蒸らす（蒸らしもメスティンでの炊飯でなくても大切です）。

④ 完成！

固形燃料で自動炊飯しよう！

失敗知らずのメスティンでの炊飯だが、さらに自動で失敗知らずの方法がある。それは、固形燃料を使って火加減の調節や消火作業のいらない炊き方だ。自動炊飯は言いすぎかもしれないが、事実、火にかけた後は放置するだけで、美味しいご飯を炊くことは可能だった。ここでは2種類の固形燃料を使って、メスティンでの炊きあがり具合を検証してみた。

100円ショップの固形燃料

100円ショップでも購入可能で、居酒屋などでも目にする固形燃料。写真のものは25gで、18〜25分ほど燃焼する。着火しやすく火力も安定しており、アルミで包まれているため片付けもしやすい。

分割できるタブレット式

軍用固形燃料はタブレット式で、必要量を分割して使用可能。総量15gほどで約15〜20分燃焼する。標高の高い山や氷点下環境でも燃焼し、煙も立てず燃えカスも残さない。燃焼効率や安全性の面で非常に優れた燃料だ。

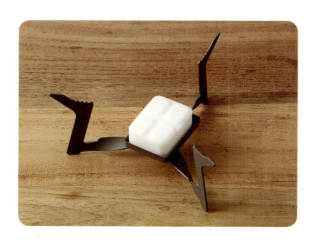

1

吸水を済ませた米をそれぞれ火にかける。タブレット式はやや着火に時間がかかるため先に火を付けた。火にかけて以降は触れずに放置するため、蓋の上に缶詰をのせている。

2

10分ほど経過すると、双方噴きこぼれが始まる。100円ショップの固形燃料は25gあるため火の勢いも強く、噴きこぼれの量も多い。

3

20分ほどでタブレット式は完全に消火。先にひっくり返して蒸らしを開始。一方100円ショップの固形燃料は、火力は低下したものの、28分ほどまで燃焼が続いた。遅れてこちらも蒸らしを開始。

4

15分ほど蒸らした後、いずれのご飯も美味しく炊きあがった。双方、真ん中の部分に多少のお焦げができたが、これはむしろご褒美。消火時間に8分ほどの差はあれど、どちらも遜色ないクオリティで驚いた。

※固形燃料の燃焼時間は気温(室温)や風の影響などで変化します。

周辺アイテムをそろえよう！

メスティンがいかに有能な調理器具であることがわかったところで、ここではメスティンをさらに便利に扱うための周辺アイテムを紹介しておきたい。これらは決して必須アイテムではないが、メスティン自体がシンプルな造りのためそろえておいて損はないし、調理の幅も広がるだろう。また、これらをそろえていくことで、メスティン愛を育むこととなる。

**メスティン用ケース
（キャンバス製）**

TR-CS210

1200円＋税

メスティンは蓋が固定式ではないため、バックパックの中で蓋が外れて、収納していたものが散らかってしまう可能性もある。専用ケースがあれば安心してバックパックに収納することができる（ラージメスティン用もある）。オリジナルの専用ケースを販売しているガレージブランドもある。

**メスティン・
ラージメスティン用
レザーハンドルカバー
（レザー製）**

TR-620210（カラー：タン）

TR-621210（カラー：ブラック）

1800円＋税

バーナーで調理する分にはハンドルはそこまで熱くなることはないが、焚き火で調理する際などにはレザーのハンドルカバーは重宝する。トランギアのロゴも入っていて、メスティン愛が高まる一品だ。こちらも、オリジナルの専用カバーを販売しているガレージブランドもある。

問合せ先：トランギア／イワタニ・プリムス（☎03-3555-5605）

メスティン用
SSメッシュトレイ（ステンレス製）

TR-SS210

750円＋税

ラージメスティン用
SSメッシュトレイ（ステンレス製）

TR-SS209

850円＋税

それぞれのサイズに合った専用の網。蒸し物や燻製を楽しむ際に重宝する。愛好家のなかでは市販のバット用の網がシンデレラフィットすることで有名だが、純正品が登場した。

ミニハンドル

TR-TH-28

600円＋税

トランギアの小型フライパンや鍋専用のハンドル。メスティンの蓋を開けるのにも使えるため、調理中に中を確認したいときなどに便利。

アルミハンドル

TR-TH-25

1100円＋税

厚さ1mmほどの鍋やフライパンをつかむことができるハンドル。メスティンの蓋で炒め物をするときなどに重宝する。肉抜き加工が施してあり、非常に軽量。

シリコン製の吸盤式スマートフォンスタンドを使って、熱くなったメスティンの蓋を開ける愛好家も。こうした便利アイテムをオリジナルで見つけるのも楽しみのひとつ。

アウトドアショップ
オリジナルカラーも

数多くのオリジナルギアブランドを展開する、山形県山形市にあるアウトドアショップ・ディセンバーでは、メスティンに焼付塗装にて加工したオリジナルカラーを展開している。表面はレザートーン仕上げでキズがつきにくく、高級感と特別感を楽しむことができる。

DECEMBERオリジナル トランギアメスティン

3200円＋税

カラー：赤・オリーブドラブ

問合せ先：OUTDOOR SHOP DECEMBER
　　　　（http://december.shop-pro.jp/）

メスティン収納術

メスティンの収納性が高いことは先に述べたが、どれほどの収納性があるのか、その実例を見てみたい。特に登山においてはバックパックに必要な装備を収納するテクニックは重要だ。ここでは実際に登山でメスティンを使っている愛好家たちに、そのスタッキング例を見せてもらった。ストーブや食材収納のテクニックを参考にして、オリジナルの収納術を編み出そう。

デザイナー

菅沼祥平

雑誌や書籍を中心としたグラフィックデザイナー。登山時の装備はウルトラライト派で、軽量化にはこだわりつつも、食事の充実度は下げないように工夫をしている。

軽量化を突き詰めるときはアルコールストーブで出動します。深さのあるメスティンには、愛用のストーブと燃料ボトルがすっぽり収まるので重宝しています。マヨネーズは味の変化も楽しめて油代わりにもなるので、最小サイズを必ず入れるようにしています。塩とこしょうが別々に入れられるMSRの調味料ボトルも役立ちます。

編集者

渡辺有祐

キャンプや登山などアウトドア系の書籍やムック、雑誌を多く手がける編集ライター。テント泊登山はもちろんのこと、冬山を含め通年で登山を楽しむ。

山で調理をするときに欠かせないのは卵！ラーメンにもうどんにも何にでも投入します。割らないように持ち運びたいので、メスティン内で厳重に収納しています。それ以外のスペースには、ストーブやナイフ、箸やスポークなど、隙間を埋めるように収まるものを探して、このセットにたどり着きました。

株式会社シーザスターズ代表

千秋広太郎

アウトドア料理専門のレシピサイト「ソトレシピ」を運営。プライベートでもキャンプや登山を趣味とし、本書でもレシピ提供者として協力いただいた。

山でも調理を楽しみたい派なので、実際は調理道具もいろいろ持ち込んで登ることが多いのですが、今回はお湯を沸かしたり、ご飯を炊くだけなど、シンプルに調理するときのセットを紹介しました。固形燃料にすれば燃料ごとメスティンに収まるので、荷物を軽くしたいときに役立っています。

第1章

「炊く」

Chapter 1

メスティン本来の
飯ごうとしての機能を使って、
炊き込みごはんの
バリエーションにチャレンジ。
また、シンプルにごはんを炊いて、
親子丼やガパオライスを
試してみるのもおすすめです。

- ✓ 炊く
- ☐ 煮込む
- ☐ 蒸す
- ☐ 炒める
- ☐ 燻す

簡単ビリヤニ

80 MIN

● 材料（2人分）

A
- 鶏こま切れ肉 …… 80g
- 玉ねぎみじん切り …… 1/6個分
- プレーンヨーグルト …… 大さじ2
- カレー粉 …… 小さじ2
- すりおろしにんにく …… 小さじ1/4
- すりおろししょうが …… 小さじ1/4
- 塩 …… 小さじ1/3強

- バスマティライス …… 1合
- クミン …… 適量
- 植物油 …… 小さじ2

B
- バター …… 1片
- シナモン …… 1本
- ローリエ …… 1/2枚
- レーズン …… 20粒

C（お好みで）
- パクチー …… 適量
- ミント …… 適量
- レモン …… 適量

作り方

1. Aを混ぜ合わせ、30分冷蔵庫で寝かす。
2. バスマティライスはさっと洗い、ざるにあけ、15分水気を切る。
3. メスティンにクミン、植物油を入れて弱火で熱する。
4. 香りが出たらAを加え、炒める。
5. ④に②と水250㎖（分量外）を注ぎ、Bを入れ、強めの中火で加熱する。
6. 沸騰したら、あふれない程度の火加減で3〜4分加熱する。
7. 米表面の水分がなくなってきたら蓋をしてごく弱火で10分加熱する。
8. 布巾に包んで15分蒸らしたら蓋を開け、軽く混ぜて塩で味を調え、Cを散らす。

POINT　市販のカレー粉はスパイスが多く調合されているものがオススメ。

パキスタンの炊き込みご飯を
メスティンでお手軽に！

- ✓ 炊く
- ☐ 煮込む
- ☐ 蒸す
- ☐ 炒める
- ☐ 燻す

塩鮭ご飯

●材料（2人分）
無洗米 …… 1合
料理酒 …… 小さじ1
水 …… 200㎖
みょうが …… 1個
塩鮭 …… 1切れ

作り方

1 メスティンに無洗米と料理酒を入れて水を注ぎ、30分おく。

2 ①に薄切りにしたみょうが、塩鮭を入れ、蓋をしたら、固型燃料に火をつける（バーナーの場合は17〜20分ほど加熱する）。

3 火が消えるまで加熱したら、蓋を下にして布巾などで包み、10分蒸らす。

POINT 塩鮭は中辛がオススメ。固形燃料での炊飯方法はP20を参照。

簡単な手間いらず鮭ご飯は
キャンプの朝食にもぴったり

- ☑ 炊く
- ☐ 煮込む
- ☐ 蒸す
- ☐ 炒める
- ☐ 燻す

ガパオライス

● 材料（2人分）

無洗米 …… 1合	赤パプリカ …… 1/4個	┌ ナンプラー …… 小さじ2
にんにく …… 1片	サラダ油 …… 適量	A
玉ねぎ …… 半分	卵 …… 1個	└ 砂糖 …… ひとつまみ
	豚ひき肉 …… 100g	塩・こしょう …… 適量
		バジル …… 適量

作り方

1 メスティンで米を炊く（水は分量外）。

2 にんにくはみじん切りにする。
玉ねぎ、パプリカは薄切りにする。

3 米が炊けたら、
蓋にサラダ油をひいて
目玉焼きを作って取り出し、
ひき肉と②を入れて炒める。

4 玉ねぎがしんなりしてきたら
Aを加え、塩・こしょうで味を調えて、
バジルを入れて混ぜる。

5 ご飯の上に④をのせ、目玉焼きをのせる。

POINT 蓋で目玉焼きを作るときは、焦げ付かないよう注意。

カフェメニューとしても人気！
本格タイ料理をメスティンで再現

- ☑ 炊く
- ☐ 煮込む
- ☐ 蒸す
- ☐ 炒める
- ☐ 燻す

カオマンガイ

● 材料（2人分）
鶏もも肉 …… 1/2切れ　　無洗米 …… 90g
しょうが …… 適量　　　水 …… 90㎖
にんにく …… 1片　　　　しょうゆ …… 適量
万能ねぎ …… 適量　　　ナンプラー …… 適量

作り方

1. 鶏もも肉を1.5cm幅に切る。しょうが、にんにくはみじん切りに、万能ねぎは小口切りにする。
2. メスティンに米と水を入れる。さらに、しょうが、にんにくを入れてその上に鶏もも肉をのせ、30分おく。
3. ⓐを強火にかけ、沸騰したら弱火にして10分炊く。火からおろして15分蒸らす。
4. しょうゆ、ナンプラーを混ぜ合わせてタレを作る。
5. 蓋を開けて、④と万能ねぎをふりかける。

POINT　鶏もも肉にフォークなどで穴をあけておくことで、味が染みやすくなる。

鶏だしの染みたご飯がクセになる

- ✓ 炊く
- ☐ 煮込む
- ☐ 蒸す
- ☐ 炒める
- ☐ 燻す

あさりとコーンご飯

70 MIN

洋風炊き込みご飯は
子どもにも人気

● 材料（2人分）
無洗米 …… 1合
缶詰あさり（総量130g）…… 1缶
缶詰コーン（総量85g）…… 1缶
料理酒 …… 小さじ1
塩 …… 少々
バター …… 1片
かいわれ …… 適量

作り方

1 メスティンに無洗米、あさり、コーンの汁、料理酒、塩を入れて水（分量外をリベット線まで）を注ぎ、30分おく。

2 あさり、コーン、バターを入れ、蓋をして固型燃料に火をつける（バーナーの場合は17〜20分ほど加熱する）。

3 火が消えたら蓋を下にして布巾につつみ、10分蒸らす。

4 かいわれを散らす。

POINT 固形燃料で自動炊飯（P20）すれば、あとは蒸らすだけで楽ちん。

- ☑ 炊く
- ☐ 煮込む
- ☐ 蒸す
- ☐ 炒める
- ☐ 燻す

あさりたっぷりパエリア

メスティンユーザーの定番！
写真映えもするカラフルパエリア

●材料（2人分）
鶏もも肉 …… 1/4切れ
パプリカ(赤、黄) …… 各1/4個
無洗米 …… 90g
水 …… 90g
パエリアの素(市販) …… 1/2袋
コンソメ(固形) …… 1個
あさり …… 8個

作り方

1 鶏もも肉、パプリカは1cm角に切る。

2 メスティンに米、水、パエリアの素、コンソメを入れ、その上に材料をすべてのせ、30分おく。

3 ⓐを強火にかけ、沸騰したら弱火で10分炊く。
火からおろして10分蒸らす。

 タコ・イカ・エビなど、お好みの具材を加えて楽しんで。

- ☑ 炊く
- ☐ 煮込む
- ☐ 蒸す
- ☐ 炒める
- ☐ 燻す

ドライカレー

● 材料（2人分）

米……180g	玉ねぎ……1/4個	卵……1個	ケチャップ……大さじ1・1/2
水……180㎖	トマト……1/2個	牛ひき肉……100g	カレー粉……大さじ1/2
にんにく……1個	オリーブオイル……適量	小麦粉……大さじ1	ブラックペッパー……適量

作り方

1 メスティンで米を炊く。

2 にんにく、玉ねぎをみじん切りに、トマトは粗みじん切りにする。

3 米が炊けたら、蓋にオリーブオイルをひいて目玉焼きを作って取り出す。

4 蓋でにんにく、玉ねぎ、牛ひき肉を炒める。ひき肉に色がついてきたら小麦粉を入れて炒め、トマト、ケチャップ、カレー粉を加えてさらに炒める。

5 ④をご飯の上にかけ、目玉焼きをのせる。お好みでブラックペッパーをかける。

POINT 炒めながら食材を順々に入れていくことで旨味が増す。

かくし味のケチャップで
さっぱりとした酸味をプラス

- ☑ 炊く
- ☐ 煮込む
- ☐ 蒸す
- ☐ 炒める
- ☐ 燻す

W卵の親子丼

● 材料（2人分）

無洗米 …… 180g	万能ねぎ …… 適量
水 …… 180㎖	白だし …… 30㎖
鶏もも肉 …… 1/4切れ	しょうゆ …… 20㎖
玉ねぎ …… 1/2個	卵 …… 2個

作り方

1 メスティンで米を炊く。
2 鶏もも肉を1cm角に切る。玉ねぎは千切りに、万能ねぎは小口切りにする。
3 米が炊けたら、メスティンの蓋を使い、鶏もも肉、玉ねぎ、白だし、しょうゆを入れ、弱火で鶏もも肉に火が通るまで沸かす。
4 煮えたら溶いた卵1個をまわしかけ、強火にする。
5 メスティンで炊いたご飯に④をのせ、中央に卵の黄身を置く。最後に万能ねぎをふりかける。

POINT 溶き卵は2/3を入れてから、数分後に1/3を加えるとふわとろになる。

仕上げに卵を割り入れて とろとろ感アップ！

- ✓ 炊く
- ☐ 煮込む
- ☐ 蒸す
- ☐ 炒める
- ☐ 燻す

のっけオムライス

● 材料（2人分）
無洗米 …… 90g	ケチャップ …… 大さじ2
水 …… 90㎖	コンソメ …… 1個
鶏もも肉 …… 1/4切れ	塩 …… 適量
玉ねぎ …… 1/2個	こしょう …… 適量
トマトピューレ …… 50g	卵 …… 2個

作り方

1. メスティンに米、水、鶏もも肉、薄切りにした玉ねぎ、トマトピューレ、ケチャップ、コンソメ、塩、こしょうを入れて炊く。
2. 炊けたら、一度スプーンなどで混ぜ、その上に溶いた卵をまわしかけ、蓋をして弱火で2分ほど炊く。
3. 蓋を開け、最後にお好みでケチャップ（分量外）をかけて、できあがり。

POINT　鶏肉は小さめにカットしておくと火が通りやすい。

卵を上からのせるだけ！
みんな大好きメニュー

インスタグラマーの アイデア料理 | 炊き込みご飯編

香りや旨味が引き立つ炊き込みご飯。簡単なのに本格的なこだわり料理をご紹介。

@x_xx_yurucamp_xx_x

カラフルケチャップライス

具材をバターで炒め、調味料とお米と一緒に炊き込むだけの簡単メニュー。パセリを散らして彩りよく仕上げました。具材からも水分が出るので、水を入れすぎるとご飯がやわらかくなるので注意しましょう。スクランブルエッグをのせてオムライスにしたり、ホワイトソースの上にチーズをのせてバーナーで焼けばドリアにもアレンジできます。

@soroken_

しらすと枝豆の炊き込みご飯

枝豆とお米に加え、香りのいいしらすも一緒に入れて炊き込みました。調味料は塩としょうゆのみでシンプルに味つけをして素材の旨味を楽しみます。味つけは薄めにして、味見をしながら適宜調節していきましょう。枝豆は冷凍してあるものを代用すると調理が簡単です。

@ryuto2003

簡単エスニック！カオマンガイ

お米と鶏肉を一緒に炊き込むだけで完成する、絶品カオマンガイ。ナンプラーやパクチーを加えることで、たちまちエスニック風に。千切りにしたしょうがを一緒に炊くと、お米に香りがついて食欲をそそります。

@noguts1960

いわしじょうゆ煮缶で炊き込みご飯

いわしのしょうゆ煮缶詰を使えば炊き込みご飯も簡単にできます。梅干しは丸ごと入れれば包丁もいらず簡単です。酸っぱい梅干しを入れることで、いわしの旨味としょうゆの香ばしさがマッチして風味がよくなります。

@kimuco_kitchen

カラフルパエリア

水とパエリアの素を入れて炊き込むだけでも作れますが、にんにくをプラスし、米をオイルでコーディングすることで、より本格的な味になります。ピーマンは最後に入れることで歯ごたえが残り、きれいな色に仕上がります。

@maripou25

しょうが香るタコ飯

ぶつ切りにしたタコとお米を一緒に入れて炊き込みました。しょうがをたっぷり入れると香りがよく、さっぱりと仕上がります。刺身用のタコを使えばやわらかくてプリプリの食感を楽しむことができます。

Chapter 2

第2章 「煮る」

深さのあるメスティンは、ラーメンやパスタを作るなど、茹でることに適しています。当然ながら、煮込み料理も得意。ポトフや鍋などのスープ系はもちろん、アヒージョに至るまで幅広く使えます。

- [ ] 炊く
- [x] 煮込む
- [ ] 蒸す
- [ ] 炒める
- [ ] 燻す

味噌煮込みうどん

15 MIN

● 材料（1人分）
- 鰹だし …… 小さじ1
- うどん乾麺 …… 80g
- 赤味噌 …… 小さじ2
- きび砂糖 …… 小さじ1/2
- ねぎ …… 適量
- 油揚げ …… 適量
- 卵 …… 1個

作り方

1. メスティンに水（分量外）450㎖、鰹だしを入れ沸かす。
2. アクを取り乾麺を加える。麺が鍋底に付かないようときどき混ぜる。
3. 乾麺が少しやわらかくなったら赤味噌を溶きながら混ぜ、きび砂糖、ねぎ、油揚げを加えて煮込む。
4. 卵を割り落とし、蓋を少しずらしてのせ、2～3分煮込む。お好みで七味をかける。

POINT 乾麺を茹でているとき、湯が減ってきたら水を足す。

火からおろしてすぐのあつあつを召し上がれ

- ☐ 炊く
- ✓ 煮込む
- ☐ 蒸す
- ☐ 炒める
- ☐ 燻す

グラタンドフィノア

25 MIN

● 材料（2人分）
じゃがいも …… 2個
豆乳 …… 150㎖

A
- チキンコンソメ …… 小さじ1/2
- すりおろしにんにく …… 小さじ1/4
- きび砂糖 …… 小さじ1弱
- オリーブオイル …… 少々
- ナツメグパウダー …… 少々
- 塩 …… 少々
- こしょう …… 少々

ピザ用チーズ …… 適量

作り方

1. じゃがいもはよく洗い、水気を拭いたら、皮付きのまま5㎜幅に切る。
2. メスティンに豆乳とAを入れ軽く混ぜたら①を入れる。
3. 蓋を軽くのせて、やや中火にかける。
4. 沸騰してきたら豆乳を混ぜ、弱火にして、じゃがいもがやわらかくなるまで煮込む。
5. ピザ用チーズを入れて蓋をして、2～3分煮込んだら、バーナーでさっと表面をあぶる。

POINT じゃがいもは男爵がオススメ。

フランスの郷土料理
ほくほくじゃがいもが美味しい

- ☐ 炊く
- ☑ 煮込む
- ☐ 蒸す
- ☐ 炒める
- ☐ 燻す

キャベツのポトフ

30 MIN

ゴロゴロ野菜の旨味たっぷり
メイン料理にもなる一品

● 材料（2人分）
キャベツ …… 1/8個
じゃがいも …… 1個
玉ねぎ …… 1/2個
にんじん …… 1/2個
しめじ …… 1/8房
水 …… 300mℓ
コンソメ …… 1個
塩 …… 適量

作り方

1 キャベツをメスティンに収まる厚さに切る。

2 じゃがいも、玉ねぎは2等分、にんじんは拍子木切りにする。しめじは石突きを落としておく。

3 すべての具材をメスティンに入れ、水、コンソメ、塩を入れて強火で沸騰させる。

4 スープが煮立ったら弱火にし、15分煮込んで、できあがり。

POINT 水の量は煮立った際にあふれないように、適宜調節する。

- ☐ 炊く
- ☑ 煮込む
- ☐ 蒸す
- ☐ 炒める
- ☐ 燻す

鶏肉とトマトのフォー

25 MIN

鶏のだしたっぷりの
エスニックヌードル

● 材料（2人分）
鶏もも肉 …… 1/2切れ
トマト（中）…… 1/4個
万能ねぎ …… 適量
水 …… 200㎖
フォー …… 50g
鶏ガラスープ …… 小さじ2
塩 …… 適量
もやし …… 50g
ナンプラー …… 小さじ2
レモン …… 適量

作り方

1. 鶏もも肉を1㎝幅に切る。トマトは くし切りに、万能ねぎは小口切りにする。
2. メスティンに水とフォーを入れ、強火にかけてもどす。
3. 鶏ガラスープ、塩、鶏もも肉を入れ、肉に火が通るまで煮込む。
4. トマト、もやしを入れ、弱火で5分ほど煮込み、ナンプラーを入れて味を調え、万能ねぎをふりかける。

 お好みでレモンを加えるとさっぱりとした味になる。

レモンパスタ

薄切りレモンで見た目も華やか
たっぷりチーズで召し上がれ

● 材料（1人分）
スパゲッティ早茹でタイプ …… 100g
A ┌ クリームチーズ …… 35g
　├ バター …… 1片
　├ レモン果汁 …… 小さじ2
　├ すりおろしにんにく …… 小さじ1/3
　├ 塩 …… 適量
　├ こしょう …… 適量
　└ 砂糖 …… 適量
薄切りレモン …… 3〜4枚
粉チーズ …… 適量

作り方

1. 麺を半分に折ってメスティンに入れ、蓋線まで水（分量外）と塩（分量外）小さじ1/4を入れる。
2. ①を強火〜中火にかけ、ほぐしながら固茹でする。
3. 固茹でになったら火を止め、麺の高さまでの湯を捨ててAを入れ、弱火にかけ混ぜる。
4. とろみがついたら火を止め、レモンをのせ、粉チーズをふりかける。

POINT 早茹でタイプなら茹で時間を短縮できて燃料消費も抑えられる。

- ☐ 炊く
- ☑ 煮込む
- ☐ 蒸す
- ☐ 炒める
- ☐ 燻す

豚肉と白菜の
ミルフィーユ鍋

20 MIN

肉と野菜を隙間なく詰めれば
旨味もぎゅっと染み込む!

● 材料（2人分）
白菜 …… 1/8個
豚ばら肉 …… 130g
白だし …… 30g
水 …… 50g
塩 …… 適量

作り方

1. 白菜の葉の上に豚ばら肉をのせ、重ねていく。
2. ①を1/3程度の大きさに切る。
3. メスティンに②を敷き詰め、白だし、水、塩をまわしかける。
4. 15分ほど中火にかけて、できあがり。

POINT 白菜は芯のほうを使うと煮崩れしなくてよい。

☐ 炊く
☑ 煮込む
☐ 蒸す
☐ 炒める
☐ 燻す

きのこアヒージョ

にんにくの香りが食欲をそそる
絶品おつまみ

● 材料（2人分）
にんにく …… 2片
オリーブオイル …… 130㎖
アンチョビ …… 4切れ
お好みのきのこ
（メスティンに入るくらい）
粗びき黒こしょう …… 少々
イタリアンパセリ……適量

作り方
1 にんにくの皮をむき、包丁で押しつぶす。
2 メスティンに①とオリーブオイル、アンチョビを入れ弱火にかける。
3 アンチョビをほぐし、にんにくの香りが立ってきたら、きのこを加えて軽く混ぜ合わせ、4分ほど煮込む。
4 粗びき黒こしょうをかけ、イタリアンパセリを散らす。
5 お好みで、食べるときにレモンを軽く絞る。

POINT 具材は少し大きめにカットすると食べやすい。

- ☐ 炊く
- ☑ 煮込む
- ☐ 蒸す
- ☐ 炒める
- ☐ 燻す

ミックスフルーツ コンポート

さっぱりフルーツで食後のお口直し

● 材料（2人分）
オレンジ …… 1個
キウイ …… 1個
レモン …… 1/2個
A ┌ 白ワイン …… 100㎖
  │ はちみつ …… 大さじ1
  └ ローズマリー …… 1枝

作り方

1 オレンジ、キウイは皮をむいて1cm幅の輪切りにする。レモンは薄切りにする。

2 メスティンに①とAを入れて中火にかけ、沸騰したら弱火で5分煮る。

POINT 氷でしっかり冷やしてから食べると、味がなじんで美味しい。

- ☐ 炊く
- ☑ 煮込む
- ☐ 蒸す
- ☐ 炒める
- ☐ 燻す

鶏手羽中のビール煮

お酒好きにはたまらない
無限チキンのおつまみ

●材料（2人分）
手羽中 …… 15本
ビール …… 200㎖
しょうゆ …… 大さじ1と小さじ1
きび砂糖 …… 大さじ1
すりおろしにんにく …… 小さじ1/2
塩 …… 少々
粗びき黒こしょう …… 少々

作り方
1. メスティンにすべての材料を入れ、
2. 中火にかけて混ぜる。
   沸騰したらアクを取り、
   やや中火にして
   汁気が少なくなるまで煮込む。
3. 粗びき黒しょうを再度ふりかける。

POINT 一緒にうずら卵の水煮を入れても。

- ☐ 炊く
- ☑ 煮込む
- ☐ 蒸す
- ☐ 炒める
- ☐ 燻す

しらすとブロッコリーの和ヒージョ

15 MIN

定番アヒージョを
和風にアレンジ

●材料（2人分）
にんにく …… 1片
アンチョビ …… 半身
ブロッコリー …… 1/2房
オリーブオイル …… 150ml
クレイジーソルト …… 適量
柚子こしょう …… 適量
しらす …… 30g

作り方

1. にんにく、アンチョビをみじん切りにする。
2. ブロッコリーを切り、塩茹でする。
3. メスティンにオリーブオイルを入れ、①、クレイジーソルト、柚子こしょうを入れる。
4. オリーブオイルがグツグツと沸き、調味料がなじんだら、②を入れる。
5. 最後にしらすを加えて、できあがり。

 POINT　オリーブオイルをしっかりと温めてから具材を入れよう。

いちじくとオレンジの白ワイン煮

● 材料（2人分）
セミドライいちじく …… 8個
オレンジ …… 1個
レモンの薄切り …… 1枚
シナモン …… 1本
白ワイン …… 150㎖
きび砂糖 …… 大さじ1
はちみつ …… 適量

作り方

1 メスティンにすべての材料と水100㎖（分量外）を入れて中火にかける。

2 沸騰したら弱火にして蓋を少しずらしてのせ、30分煮込み冷ます。

POINT 薄切りバゲットにクリームチーズを塗り、一緒に食べるのもオススメ。

柑橘系のフルーティのデザートは
ほっこりティータイムにオススメ

- ☐ 炊く
- ☑ 煮込む
- ☐ 蒸す
- ☐ 炒める
- ☐ 燻す

旬野菜のゼリー寄せ

●材料（2人分）

A ┌ チーズ…30g
  └ ポークソーセージ……30g
ミックスビーンズ……130g
B ┌ ミニキャロット……4本
  └ ラディッシュ……2個

パプリカ（赤・黄）……合わせて1/3個分
レタス……2枚
オクラ……2本
あらびき黒こしょう……適量
湯……250㎖

C ┌ 固形コンソメ……1粒（5.3g）
  └ 粉ゼラチン……5g
ミニトマト……7粒

作り方

1. Aをビーンズと同じ大きさに切る。Bを2㎜幅に切り、パプリカは5㎜幅の細切りにする（パプリカは少量残しておく）。
2. 湯（分量外）を沸かし、レタスをさっと湯通しして冷水に取る。同じお湯でオクラを茹で、5㎜幅の輪切りにする。
3. ボウルに①とオクラ、黒こしょうを入れて混ぜる。
4. 湯にCを溶かし、ゼリー液を作る。
5. メスティンにレタスを敷き、ビーンズを入れて平らにならす。同様に③を入れる。ミニトマトと残しておいたパプリカを並べる。
6. ミニトマトが半分隠れるくらいまで、そっと④を流し入れる。蓋をして、冷蔵庫で冷やし固めたら、できあがり。

POINT 取り出してカットしたとき、断面がきれいに見えるように、野菜を均等に並べよう。

彩り野菜とぷるぷるゼリーで
輝く前菜のできあがり！

インスタグラマーの アイデア料理 | 煮る編

ご飯やパンに合う煮込み料理をご紹介。簡単調理のヒントが盛りだくさん！

@kimuco_kitchen

スープカルボナーラ

バターとにんにくで具材を炒め、残りの材料を入れて煮込むスープカルボナーラ。仕上げにブラックペッパーをかけると味に深みが出て本格的に。また、クリームパスタはとろみがあるので冷めにくく、熱々の状態で食べることができます。きのこ類をプラスすると風味や旨味がアップするのでオススメです。

@beparou

乾麺で作る シンプルそば

そばをたっぷりのお湯で茹でて、冷やして食べるシンプルそば。そばを指定時間より30秒ほど長めに茹でることで、しなやかな食感になります。のりを散らし、わさびでさっぱり食べても美味しいです。麺汁を密閉保存容器に入れると持ち運びができるので、職場のお昼時間にも最適。

🍴 @ryuto2003

スパイシーチリコンカン

トマトの水煮缶とミックスビーンズで作る簡単チリコンカン。ローレルやチリパウダーなど、スパイスにこだわることで、一気にアメリカの味に。ご飯やパンだけでなくパスタにも合います。彩りもきれいなので、おもてなし料理としても◎。

🍴 @ryuto2003

甘さが引き立つキャベツとベーコンのパスタ

パスタと具材を一緒に茹でるだけの時短メニューなので、重宝しています。春キャベツはやわらかく、甘みも凝縮されているので、オイルパスタにはぴったりの食材です。牛乳を加えてクリームパスタにしたり、トマトを加えてアラビアータにしたりと、アレンジ自在！

🍴 @kouji.kudou.148

明太子うどん卵のせ

冷凍の讃岐うどんを茹でて水切りし、明太子味のパスタの素を混ぜたら完成する簡単料理。温泉卵を加えたり、柚子こしょうなどの調味料を入れて自分好みにアレンジしても、美味しくいただけます。

― インスタグラマーのアイデア料理　煮る編 ―

 @y.m.d.5.5

しいたけ入り親子丼

炒めた具材に溶き卵をかけたら完成する簡単料理。ごま油で炒めてから煮ると、煮くずれすることなくコクも出してくれます。具材が茶色くなるまでしっかり煮込んで味を染み込ませましょう。めんつゆを使用することで味つけも失敗なし！

 @x_xx_yurucamp_xx_x

たっぷり野菜の ミルクバター煮込み

野菜を軽く炒め、牛乳とコンソメを入れて約10分間煮込みます。粉チーズやブラックペッパー、パセリを散らすと盛りつけが華やかになるのでオススメです。バターをたっぷり使えば生クリームを入れなくてもしっかりコクが出ます。

@ryuto2003

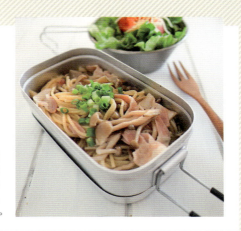

きのことベーコンの和風パスタ

半分に折ったパスタと具材を一緒に煮込むだけのお手軽イタリアン。同時に煮込むことで、パスタがきのことベーコンの旨味をたっぷり吸収するので風味も◎。最後にしょうゆをかければ深い味わいに。

@noguts1960

そば屋のカレー肉豆腐

豚ばらと玉ねぎを炒めた後、めんつゆで煮ます。カレー粉を加えて片栗粉でとろみをつけ、豆腐を入れて完成。めんつゆは、かつおだしでそば屋風に。木綿豆腐の中心に冷たさが残るくらい温めることで、素材の味が楽しめます。

@gupikozu

いわしのつみれ鍋

冷蔵庫にある残り野菜で作るひとり鍋。いわしはフードプロセッサーでミンチにすると、簡単に調理できます。ヘルシーで食べ応えがあるので大満足の一品です。体も温まり、お酒のお供としても最適！

第3章

「蒸す」

メスティンユーザーの多くは、
メスティンが蒸し料理に
適していることを知っています。
中華まんやシューマイなど
シンプルな蒸し物はもはや定番。
熱伝導率の高いメスティンで
蒸し焼きをすると
驚くほど美味しくなります。

Chapter

3

肉詰めズッキーニ

- ☐ 炊く
- ☐ 煮込む
- ☑ 蒸す
- ☐ 炒める
- ☐ 燻す

● 材料（2人分）
ズッキーニ……1本
マッシュルーム……6個
豚ひき肉……80g

A ┌ 塩……小さじ1/3
　├ ブラックペッパー……小さじ1/3
　└ すりおろしにんにく……少々

オリーブオイル……大さじ1
ミニトマト……6個
白ワイン……大さじ2
タイム……適量

作り方

1 ズッキーニを縦に2等分して、スプーンで中身をくり抜く。

2 くり抜いたズッキーニはみじん切りにする。マッシュルームは縦半分に切る。

3 豚ひき肉にみじん切りにしたズッキーニとAを入れ、粘りが出るまで混ぜ、ズッキーニに詰める。

4 メスティンにオリーブオイルをひいて、③、マッシュルーム、ミニトマト、白ワイン、タイムを入れて蓋をし、中火で5〜8分加熱する。

POINT ズッキーニが焦げないよう、少しメスティンを揺らしながら加熱する。

メスティンにピッタリサイズの
夏野菜を余すことなく食べよう！

- ☐ 炊く
- ☐ 煮込む
- ☑ **蒸す**
- ☐ 炒める
- ☐ 燻す

コーヒー蒸しパン

15
MIN

● 材料（2人分）

A
- 薄力粉……55g
- ベーキングパウダー……小さじ1/2

B
- 水……50㎖
- はちみつ……小さじ1/2
- 米油（菜種油でも可）……小さじ1弱
- インスタントコーヒー……小さじ1
- 砂糖……大さじ1と1/2
- シナモンパウダー……少々
- 塩……少々

作り方

1 ボウルにAを入れ、
泡立て器でさっと混ぜる。

2 あらかじめ混ぜたBを①に加え、
さっくりと混ぜ合わせる。

3 メスティンに水を1㎝ほど入れ、網をのせ
て火にかけ沸騰させる。

4 プリン型などに敷きこんだカップケーキ
ケースに②を流して網にのせ、
蓋を少しずらして強火で4分、
弱火で4分ほど加熱する。
竹串を刺して生地が付かなければ
できあがり。

POINT ②で全体を混ぜるときはさっくりでOK。混ぜすぎると膨らみにくくなる。

小ぶりでかわいいほろ苦スイーツ

- ☐ 炊く
- ☐ 煮込む
- ☑ 蒸す
- ☐ 炒める
- ☐ 燻す

クスクスサラダ

プチッと食感が楽しい
腹持ち満点サラダ

● 材料（2人分）
- A ┌ オリーブオイル……小さじ1
- │ すりおろしにんにく……小さじ1/3
- └ 塩……少々
- クスクススムール……1/2カップ
- トマト小さめ……1/2個
- ズッキーニ……1/3本
- B ┌ 刻みオリーブ……小さじ1強
- │ 刻みミント……小さじ2
- │ 刻みイタリアンパセリ……小さじ2
- │ オリーブオイル……大さじ1
- │ レモン果汁……大さじ1
- │ クミンパウダー……少々
- └ 塩……少々

作り方

1. メスティンに水（分量外）100㎖、Aを入れ、加熱して混ぜる。
2. ①が沸騰したら火を止め、スムールを加え、よく混ぜたら蓋をして、布巾に包んで7分蒸らす。
3. トマト、ズッキーニを5㎜角に刻む。
4. ②に③とBを混ぜ合わせたら、20分ほどなじませる（ひと晩おくとさらに美味しい）。

POINT クスクスをしっかりともどすため、蒸らし時間は忘れずに！

- 炊く
- 煮込む
- ☑ 蒸す
- 炒める
- 燻す

りんごとプラムの
ワイン蒸し

25 MIN

ワインとシナモン、ラム酒で楽しむ
ちょっと大人のりんごのデザート

● 材料（2人分）
りんご（小さめ）……2個
A ┌ レモン汁……小さじ1
　└ 赤ワイン……160ml
B ┌ ドライプラム……2個
　└ シナモン……2本
ラム酒……小さじ1
グラノーラ……小さじ2

作り方

1. りんごは横半分に切り、中身をくり抜く。
2. メスティンにA、①の中身を入れ煮たら、りんごを一旦取り出す。
3. 網を敷き、①の下部にBと②のりんごを入れ、①の上部をのせる。
4. 蓋をして中火で1分蒸らし、弱火にして6分蒸らしたら火からおろす。布巾で包み2分ほどおく。ラム酒をかけ、2分ほどおき、グラノーラを振る。

POINT　りんごの中身をくり抜くときは、粗めでOK。

☐ 炊く
☐ 煮込む
☑ 蒸す
☐ 炒める
☐ 燻す

ごちそうポテサラ

●材料（2人分）
じゃがいも……2個
切り落としベーコン……35g
フレンチドレッシング……適量
半熟卵……1個
刻みパセリ……適量

作り方

1. じゃがいもはよく洗い、皮付きのまま6等分に切る。
2. メスティンに①とベーコンと水（分量外）を1cmの高さまで注ぎ、蓋をして、やや中火にかける。
3. パチパチと音がしたら火を止め、蓋を開けてじゃがいもの硬さを確認する（まだ硬いようなら水を少し足して再度加熱する）。
4. じゃがいもを少しほぐし、フレンチドレッシングをかけ混ぜ合わせ、卵をくずし入れ、パセリを散らす。

POINT 新じゃがなら皮付きのままがオススメ。

ボリューミーなほくほくサラダは大きめ具材がおいしい！

- ☐ 炊く
- ☐ 煮込む
- ☑ 蒸す
- ☐ 炒める
- ☐ 燻す

ホットサラダ

20 MIN

麹が野菜の旨味を引き出す隠し味

● 材料（2人分）
ブロッコリー……6房
ズッキーニ輪切り……6切れ
A ┌ オリーブオイル……大さじ2
　├ 塩麹……大さじ1
　└ こしょう……少々
プチトマト……6個
ローズマリー……1枝

作り方

1 ブロッコリー、ズッキーニを2等分に切る。

2 チャック付き袋にAを入れよく混ぜたら、①とプチトマトを入れ混ぜ合わせる。

3 メスティンに②を入れ、ローズマリーの葉を散らし、蓋をして弱火にかける。

4 10分ほど加熱したら火を止めて、余熱で5分おく。

 野菜は火が通る程度でOK。加熱時間が長いと煮崩れするので注意。

- ☐ 炊く
- ☐ 煮込む
- ☑ 蒸す
- ☐ 炒める
- ☐ 燻す

温玉まぜ麺

10 MIN

半熟卵と肉味噌の旨味がベストマッチ！

● 材料（2人分）
- A ┌ にんにく……小さじ1/2
  └ しょうが……小さじ1
- ごま油……大さじ1
- 豚ひき肉……100g
- B ┌ テンメンジャン……大さじ1
  │ 食べるラー油……小さじ2
  └ しょうゆ……小さじ1
- 中華蒸麺……1袋
- 酒……30ml
- もやし……1/4袋
- C ┌ 温玉……1個
  │ ねぎ、ピーナッツ、
  └ 糸とうがらし……適量

作り方

1. Aを粗みじん切り、ねぎは小口切りにし、ピーナッツはくだく。
2. メスティンにごま油とAを入れ、火にかける。ひき肉、Bを加えて炒め、別皿に取る。
3. メスティンにほぐした麺を入れ、酒を加える。蓋をして弱火で1分ほど蒸す。もやしを加え、弱火で1分蒸す。全体を混ぜて火からおろす。
4. ②、Cをのせて、できあがり。

POINT 麺が伸びないように、麺はさっと蒸す程度でOK。

- ☐ 炊く
- ☐ 煮込む
- ☑ 蒸す
- ☐ 炒める
- ☐ 燻す

魚介のエスニック蒸し

エスニックな味付けがクセになる！
見た目も鮮やかな蒸しーラダ

● 材料（2人分）
えび……8尾
紫玉ねぎ……1/4個
セロリ……1/4本
にんにく……1片
あさり……15粒
A ┌ オリーブオイル……大さじ1
　└ ナンプラー……大さじ2
パクチー……お好みで
ライム……お好みで

作り方

1 えびは殻をむいて背わたを取る。紫玉ねぎはくし切り、セロリとにんにくは薄切りにする。

2 メスティンにあさりと①を入れ、Aをまわしかけて蓋をし、中火で5〜8分加熱する。

3 お好みでパクチー、ライムを添える。

POINT あさりは塩抜きしてあるものを使うと、時短になるのでオススメ。

- ☐ 炊く
- ☐ 煮込む
- ☑ 蒸す
- ☐ 炒める
- ☐ 燻す

レモンローズマリーチキン

20 MIN

夏バテ対策にもオススメ さっぱり肉料理

● 材料（2人分）
鶏もも肉……1枚
れんこん……6cm
レモン……1/2個
A ┃ にんにく……1片
  ┃ 塩……小さじ1/2
  ┃ ブラックペッパー……適量
  ┃ オリーブオイル……大さじ1
  ┃ 白ワイン……大さじ1
  ┃ ローズマリー……1枝

作り方

1. 鶏もも肉は食べやすい大きさに切る。れんこんは1cm幅に切る。レモンは薄切りにする。
2. チャック付き袋に鶏もも肉とAを入れて、もみ込む。
3. メスティンに①と②を入れて蓋をし、強火で3分、弱火で5分加熱する。

POINT 肉が固くならないように、弱火でじっくり加熱して仕上げる。

☐ 炊く
☐ 煮込む
☑ 蒸す
☐ 炒める
☐ 燻す

あさりとそら豆の
レモンハーブワイン蒸し

15 MIN

● 材料（2人分）

A ┌ そら豆……15〜20粒ほど
　├ レモン……1/4個
　└ 塩抜き済みあさり……250〜300g

ハーブソルト……適量
タイム……適量
ドライパセリ……適量

白ワイン……120㎖

作り方

1 そら豆に切り込みを入れる。レモンは薄くスライスし、いちょう切りにする。

2 メスティンにワインを入れ、網をのせる。Aを混ぜ入れ、ハーブソルトをふってタイムを散らす。蓋をして火にかける。

3 あさりの口が開いたら、パセリをふり、できあがり。

POINT ワインの風味をしっかり移すために、蓋はなるべく開けずに蒸しあげる。

ワインの風味と塩味が効いた
絶品おつまみ

調理の基本「炒める・焼く」もこなせるメスティンですが、表面加工はされていないため、焦げ付きやすいのが玉に瑕。少し油を多めに使ったり、火加減を気にしながら、目を離さないことがポイントです。

第4章 「炒める・焼く」

☐ 炊く
☐ 煮込む
☐ 蒸す
☑ 炒める
☐ 燻す

簡単フレンチトースト

15 MIN

● 材料（2人分）
バゲット……3個
市販バニラアイスクリーム……1個
バター……1片
メープルシロップ……適量
いちごなど、お好みのフルーツ……適量

作り方

1 バゲットをメスティンの高さにカットし、カット面を箸で軽く刺し、解凍したアイスクリームに浸す（途中、上下を返す）。

2 メスティンにバターを入れ、弱火にかけふつふつしたら①をのせる。

3 焼き色がついたらトングなどで返して、ごく弱火で1分半〜2分焼く。

4 メープルシロップをかけ、カットしたフルーツをのせる。

POINT とても焦げ付きやすいので、火加減に十分気をつける。

卵液をアイスで代用！
甘さが染み込んだ人気スイーツ

- ☐ 炊く
- ☐ 煮込む
- ☐ 蒸す
- ☑ 炒める
- ☐ 燻す

新じゃがの
ジャーマンポテト

15 MIN

ささっと簡単に作れる
子どもも大好きメニュー

● 材料（2人分）
じゃがいも（茹でたもの）……3個
玉ねぎ……1/2個
厚切りベーコン……50g
オリーブオイル……適量
塩……適量
ブラックペッパー……適量

作り方

1. じゃがいもはひと口大に切る。玉ねぎはくし切りにする。厚切りベーコンは1cm幅に切る。
2. メスティンにオリーブオイルをひいて中火にかけ、玉ねぎを炒める。
3. 玉ねぎがしんなりしてきたら、ベーコン、じゃがいもの順に加えて、塩、ブラックペッパーを加え、焼き色がつくまで炒める。

POINT 食材が焦げないように、しっかり混ぜながら炒める。

- ☐ 炊く
- ☐ 煮込む
- ☐ 蒸す
- ☑ 炒める
- ☐ 燻す

ローストビーフ

肉汁じんわり
食欲そそる丸ごとお肉！

●材料（2人分）
牛もも肉（ブロック）…600〜700g
A ┌ 塩……小さじ2
　├ こしょう……大さじ1
　└ ガーリックパウダー…大さじ1
いちじく……2個
オリーブオイル……大さじ2
B ┌ タイムなどハーブリーフ……適量
　└ ピンクペッパー……適量

作り方

1 肉にAをまんべんなくすり込む。
いちじくを縦4等分に切る。

2 メスティンにオリーブオイルを入れ、
火にかける。十分に温まったら肉を入れ、
メスティンのすべての面を中火〜強火で1分ずつ焼く。
さらにすべての面を弱火で1分ずつ焼く。

3 火からおろし、メスティンにいちじくを入れる。
蓋をして布巾で包み15〜20分おく。
Bを添えて、できあがり。

 外側だけしっかりと焼き色をつけるため、面ごとに加熱する。

- ☐ 炊く
- ☐ 煮込む
- ☐ 蒸す
- ☑ 炒める
- ☐ 燻す

ボンゴレビアンコ

40 MIN

● 材料（2人分）

アンチョビ……半身	白ワイン……50㎖
にんにく……1片	水……50㎖
万能ねぎ……適量	塩……適量
オリーブオイル……適量	パスタ（ペンネ）……120g
あさり……10個	

作り方

1 アンチョビ、にんにくをみじん切りに、万能ねぎを細かい小口切りにする。

2 メスティンにオリーブオイルを入れ、アンチョビ、にんにくを入れて、香りが出るまで炒める。

3 あさりを入れ、ワインと水を入れて沸騰させて、塩で味を調える。

4 メスティンに水（分量外）600㎖、塩20gを入れ沸騰させる。

5 ペンネを入れて13分、かき回しながら茹でる。

6 茹であがったら湯を切り、メスティンで③と合わせて、万能ねぎを散らし、できあがり。

POINT ペンネをまんべんなく茹でるため、しっかりかき混ぜながら加熱する。

食欲そそるにんにくソースで作る
シンプルパスタ

- [ ] 炊く
- [ ] 煮込む
- [ ] 蒸す
- [x] 炒める
- [ ] 燻す

オイルサーディンの
アラビアータ風

30 MIN

●材料（2人分）

アンチョビ……半身	ブラックオリーブ……適量
にんにく……1片	オイルサーディン……1缶
万能ねぎ……適量	トマト缶……100g
しめじ……1/8房	塩……適量
オリーブオイル……適量	パスタ（ペンネ）……120g

作り方

1 アンチョビ、にんにくをみじん切り、
万能ねぎを細かい小口切りにする。
しめじは石突きを落としておく。

2 オリーブオイルを適量まわし、
アンチョビ、にんにく、しめじ、
ブラックオリーブを入れて、
香りが出るまで炒める。

3 ②にオイルサーディンを入れて、
軽く炒める。

4 トマト缶を入れて沸騰させ、
塩で味を調える。

5 パスタを茹でたら④をのせ、
万能ねぎをふる。

POINT オイルサーディンを炒めるときは、崩れないようにゆっくりと炒めること。

濃厚ソースに大満足！
アンチョビの塩気が隠し味

☐ 炊く
☐ 煮込む
☐ 蒸す
☑ 炒める
☐ 燻す

豚キムチ厚揚げはさみ焼き

● 材料（2人分）
厚揚げ……2枚
キムチ……80g
ねぎ（青部分）……20g
スナップエンドウ……8本
ごま油……大さじ1
豚こま切れ肉……100g
ダシダ……小さじ2
しょうゆ……小さじ1
とろけるチーズ……15g
ごま……適量

作り方

1. 厚揚げは半分に切って、中央に切り込みを入れる。キムチは細かく切り、ねぎは小口切りにする。スナップエンドウは筋を取っておく。

2. メスティンにごま油を入れて火にかけ、豚肉を炒める。キムチ、ねぎ、ダシダを加えて炒める。しょうゆをまわし入れてチーズとごまを加え、豚キムチを作る。

3. 厚揚げに②を詰めてメスティンに並べ、スナップエンドウを隙間に入れて、蓋をする。

4. 弱火で3〜5分ほど、蒸し焼きにして、できあがり。

POINT 厚揚げに切り込みを入れるときは、下まで完全に切らないように気をつける。

メスティンにすっぽり！
厚揚げ袋で食べやすいフィンガーフード

- [ ] 炊く
- [ ] 煮込む
- [ ] 蒸す
- [x] 炒める
- [ ] 燻す

ミートパイ

45 MIN

● 材料（2人分）

ブロッコリー……小房4	マッシュルーム……2個	レトルトボロネーゼ……130〜150g
なす……1本	ドライ塩トマト……4粒	冷凍パイシート……2枚
ズッキーニ……1/3本	オリーブオイル……大さじ1	溶き卵……適量
玉ねぎ……1/2個	ハーブソルト……小さじ1/2	イタリアンパセリ……適量

作り方

1 ブロッコリーを半分に切る。なす、ズッキーニは
1.5cm幅の輪切りに、玉ねぎは薄切りにする。
マッシュルームは4枚にスライスし、塩トマトを4等分する。

2 メスティンにオリーブオイルを入れて火にかけ、
①を入れてハーブソルトをふる。

3 レトルトボロネーゼを加え、
弱火で全体に絡めたら取り出す。

4 きれいにしたメスティンに
オーブンシートを敷き、ハンドルを外す。
全体にパイシートを伸ばし、数カ所にフォークで穴をあける。

5 ③を入れ、パイシートを土手を作るようにかぶせ、
フォークで模様をつけるように押さえる。
溶き卵をパイに塗り、
200℃に温めたオーブンで10分焼く。
具材部分にのみアルミホイルをかぶせ、
さらに15〜20分焼く。
取り出したら、パセリを添えて、できあがり。

POINT パイをかぶせるときは、メスティンと隙間ができないよう、しっかりフォークで押さえつける。

熱々パイ包みは持ち寄りパーティにオススメ

- ☐ 炊く
- ☐ 煮込む
- ☐ 蒸す
- ☑ 炒める
- ☐ 燻す

ホットサンド

15 MIN

●材料（2人分）

オリーブオイル……大さじ1	バゲット……13〜14cm	ベリージャム……適量
アスパラガス……1本	マヨネーズ……適量	スライスハム……1枚
┌ 卵……1個	マスタード……適量	パプリカ(赤、黄)……各1片
A とろけるチーズ……大さじ1	レタス……3枚	バター……大さじ1
└ ハーブソルト……適量	ボイルえび……2尾	

作り方

1 メスティンの蓋にオリーブオイルを入れて火にかけ、4等分にしたアスパラガスを炒めて取り出す。

2 ①の蓋を使い、オリーブオイルをひいてAでオムレツを作る。

3 バゲットを3等分に切る。それぞれ8分目まで切り込みを入れて、内側にマヨネーズを塗る。バゲットの内側にマスタードを塗る。

4 ひとつにはレタス、①、ボイルえびをはさむ。もうひとつにはレタスと②をはさむ。残ったバゲットの内側にジャムを塗り、

5 レタス、ハム、カットしたパプリカをはさむ。メスティンの内側にバターを塗り、バゲットを

6 並べる。蓋をして弱火にかけて2〜3分焼く。

POINT バゲットが焦げないように、底の位置をずらしながら焼く。

熱々彩りサンド　バターの風味が美味しい

- ☐ 炊く
- ☐ 煮込む
- ☐ 蒸す
- ☑ 炒める
- ☐ 燻す

スパイスキャロット
ケーキ

50 MIN

● 材料（2人分）

無糖ヨーグルト……100g
マシュマロ……3個
くるみ……大さじ3
レーズン……大さじ4
にんじん……1本
レモンの皮……1/4個分
薄力粉……100g
ベーキングパウダー……小さじ2

A
シナモン（粉末）……小さじ3/4
カルダモン（粉末）……小さじ1/2
ナツメグ（粉末）……小さじ1/4
オールスパイス（粉末）……小さじ1/4
クローブ（粉末）……小さじ1/4

B
卵……1個
砂糖……40g
ココナッツオイル……50㎖

ラム酒……大さじ1

C
アーモンド（くだいたもの）……2粒
ドライフルーツ各種……大さじ2
ミント……適量

作り方

1 無糖ヨーグルトにちぎったマシュマロを入れ、
冷蔵庫で半日おく。

2 くるみ、レーズンは粗みじん切りにする。
にんじんとレモンの皮はすりおろす。

3 薄力粉、ベーキングパウダー、
Aを合わせて、ふるいにかける。

4 ボウルにB、③、②の順に入れ、そのつど混ぜる。

5 クッキングシートを敷いたメスティンに、
④を入れ、ハンドルを外す。
170℃に予熱したオーブンで、15分焼く。

6 メスティンを180度回し、
アルミホイルをかぶせ、さらに10分焼く。

7 表面にラム酒を塗り、蓋をして冷蔵庫で冷やす。
①とCで仕上げて、できあがり。

POINT 冷蔵庫でしっかりと冷やしたほうが、より生地がしっとりして美味しくなる。

スパイスが大人な味を醸し出す
しっとりヘルシーおやつ

☐ 炊く
☐ 煮込む
☐ 蒸す
☑ 炒める
☐ 燻す

ふわふわお好み焼き

● 材料（2人分）

A ┃ キャベツ……100g
　┃ ねぎ……20g
　┃ 紅しょうが……大さじ1
タコ……35g

B ┃ お好み焼き粉……75g
　┃ 卵……1個
　┃ 顆粒かつおだし……3g
　┃ 顆粒こんぶだし……3g
　┃ とろけるチーズ……20g
　┃ 青のり……小さじ1
サラダ油……適量
うずらの卵……2個

C ┃ お好み焼きソース……適量
　┃ マヨネーズ……適量
　┃ かつおぶし……適量
　┃ 干しえび……適量
　┃ しその葉……1枚

作り方

1. Aをみじん切りにし、タコは1cm角に切る。
2. ボウルに①とBを入れてよく混ぜる。
3. メスティン全体にオーブンシートを敷く。②を入れ、蓋をして弱火で5分焼く。
4. 蓋を開け、蓋の内側にサラダ油を塗る。蓋の上に③を返し、さらに弱火で5〜7分焼く。
5. 再度メスティンの中に④を返して火にかける。蓋の内側にサラダ油を足し、うずらの卵で目玉焼きを作る。
6. 竹串で④の焼け具合を確認し、火からおろす。Cで仕上げて、できあがり。

POINT　野菜は細かくみじん切りにすることで、ふわふわに仕上がる。

蓋を使えばきれいに焼きあがる！
食感がたまらない満足おかず

☐ 炊く
☐ 煮込む
☐ 蒸す
☑ 炒める
☐ 燻す

チリコーントマト

●材料（2人分）
トマト（メスティンに収まるサイズ）……2個
市販ミートボール……8個
水煮レッドキドニー……適量
チリパウダー……適量
塩……適量
ピザチーズ……適量

作り方

1 トマトの上部を5mmほど横にカットし、中をくり抜く。

2 ①に軽くつぶしたミートボール、レッドキドニーを詰め、チリパウダー、塩、ピザチーズをふりかける。

3 メスティンに網を敷き、②をのせ、トマト上部をかぶせて蓋をし、弱火に15分ほどかける。

4 トマト上部を軽くずらしてチリパウダーをふりかける。

POINT トマトをくり抜く際は、ナイフを格子状に入れてからやると形状をキープしやすい。

とろーりチーズでマイルドに
トマトカップがおしゃれな一品

インスタグラマーの アイデア料理 | 炒める編

アウトドアがもっと楽しくなる、炒めるだけのお手軽料理をご紹介。美味しく作るコツや試してみたい料理をチェック！

@ beparou

魚介の旨味たっぷりのお手軽パエリア

みじん切りにした野菜とシーフードミックスを炒め、米を入れてひと煮立ちしたら完成する簡単パエリア。しっかり水分を飛ばすことが美味しく作るコツ。このとき、メスティンに蓋をせず、底が少し焦げ付くまで火にかけましょう。だしを使用しないことで、魚介本来の旨味を引き出すことができます。

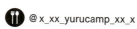
@ x_xx_yurucamp_xx_x

山椒香る 大人の焼きうどん

豚肉と野菜を炒め、うどんと調味料を投入して汁気がなくなるまで炒めたら完成です。お好みで、かつおぶしや青のり、紅しょうがをトッピングすると彩りも◎。山椒を入れることで味にメリハリが出て、香りが食欲をそそります。冷凍うどんを使えば食材を持ち運ぶ際の保冷剤代わりにも。

@ noguts1960

ムースーローご飯

豚ばら、きくらげ、卵を炒めて作るごちそう中華。卵を炒める際は、ふんわりとした食感が残るように、軽く炒めます。甘辛く味つけをすれば、ご飯がすすむ味に。きくらげ好きにはたまらない一品です。

@ kimuco_kitchen

水漬けパスタの
ペペロンチーノ

いわしのオイルサーディン缶詰めを使ったシンプルなペペロンチーノ。ミニトマトや刻みねぎ、のりをトッピングすることで色鮮やかに仕上げました。3〜4時間水に漬けたパスタを使用することで時短になります。アヒージョの素を加えるとより本格的になります。

@ maripou25

簡単でおいしい
ジャーマンポテト

冷凍ポテト、ベーコン、玉ねぎをバターで炒め、塩・こしょうで味つけして完成。バターをしっかり入れることで焦げ付かず、風味も楽しめます。玉ねぎは火が通りやすいように薄めに切りましょう。新玉ねぎを使うと水々しくて甘味があるのでオススメです！

インスタグラマーのアイデア料理　炒める編

第5章

「燻す」

Chapter 5

メスティンは深さのあることは説明済みですが、その深さのおかげで燻製だってできてしまいます。一度に多くの食材を燻すことはできませんが、お酒のおつまみ程度ならちょうどいいサイズ感です。

☐ 炊く
☐ 煮込む
☐ 蒸す
☐ 炒める
☑ 燻す

ツナのコクうま燻製

サラダやディップにして食べれば
抜群の美味しさ！

● 材料（2人分）
ツナ缶（オイル漬け）…1缶

作り方

1. ツナをキッチンペーパーの上に出し、30分ほど置いて水分を飛ばす。
2. メスティンにアルミホイルを敷き、その上に燻製チップを置いて網をのせる。アルミホイルで皿を作り、①を重ならないように広げて並べる。蓋をして弱火で20分燻し、できあがり。

POINT

POINT サラダにのせ、マヨネーズをかければ絶品オードブルに！

- 炊く
- 煮込む
- 蒸す
- 炒める
- ✓ 燻す

香ばしイカ燻製

20 MIN

お酒がすすむ！
歯ごたえしっかりおつまみ

● 材料（2人分）
A ┏ 水…100mℓ
　┃ 日本酒…100mℓ
　┃ 塩…小さじ4
　┃ 砂糖…小さじ2
　┃ 酢…小さじ1
　┗ こしょう、しょうが…少々
イカリング（ボイル済み）…1パック

作り方

1 イカをキッチンペーパーの上に並べ、30分ほど置いて水分を飛ばす。

2 メスティンにアルミホイルを敷き、その上に燻製チップを置いて網の上にイカを並べる。蓋をして弱火で20分燻し、できあがり。

 POINT　下準備としてソミュール液に漬け込んで燻すと長期保存ができるようになる。

- ☐ 炊く
- ☐ 煮込む
- ☐ 蒸す
- ☐ 炒める
- ☑ 燻す

絶品子持ちししゃも燻製

70 MIN

頭からしっぽまで丸ごと食べる！
塩味がお酒の肴にぴったりな一品

●材料（2人分）
子持ちししゃも…5尾
塩…適量

作り方

1. ししゃもをキッチンペーパーの上に並べ、軽く塩をふる。30分ほど置いて水分を飛ばす。裏返してさらに30分ほど置く。
2. メスティンにアルミホイルを敷き、その上に燻製チップを置いて網をのせる。①を並べ、蓋をして弱火で10分ほど燻し、できあがり。

POINT 塩気を抑えたい場合は、塩をふらずにそのままでもOK！

- ☐ 炊く
- ☐ 煮込む
- ☐ 蒸す
- ☐ 炒める
- ☑ 燻す

旨味ぎっしり豚燻製

豚ばらを豪快に調理
ジューシーな味わいがたまらない！

● 材料（2人分）
豚ばらブロック…600g
ハーブソルト…適量

作り方

1 肉の表面にフォークで穴をあける。ハーブソルトをまんべんなく刷り込み、保存容器に入れて冷蔵庫で一晩寝かせる。

2 肉を取り出し、キッチンペーパーでしっかりと水気を取る。

3 メスティンにアルミホイルを敷き、その上に燻製チップを置いて網をのせる。肉をのせて蓋をし、弱火で30分ほど燻し、できあがり。

POINT 燻したあと1〜2時間ほど冷すと味が落ち着いて美味しくなる。

メスティンの可能性を広げる！
メスティンマニアさんの食卓

Instagramで見る
メスティンメニューの中でも、
そのバリエーションの豊富さは
一線を画している
メスティンマニアさんの食卓を
覗き見！

@mestinmania

メスティンマニアさんって？

メスティン歴3年半。メスティンでの調理をきっかけに、週2、3回は料理をしている。また、アウトドア全般を趣味とし、キャンプ、ハイキング先でのメスティン料理も披露。特に晩酌に合うメニューは見応えがある。メスティン料理の楽しさと幅広い調理方法を紹介し、メスティンの良さを発信すべく、日々更新している。

PICK UP 1

超豪華アツアツ
きりたんぽ鍋

友人宅で食べたきりたんぽ鍋をヒントに調理したもので、鶏ガラの汁が絶品。ポイントはセリとごぼうを必ず入れること。特にセリは根まで入れて食べる。このしゃきしゃきとした食感がたまらないのだとか！

PICK UP 2

彩り抜群！
モザイク寿司

娘さんのひな祭りのごちそうに作った一品。きれいに洗った牛乳パックを寿司型代わりにし、大きさを合わせてご飯を型抜き。酢飯をぎっしりと詰めて、具材をきれいな格子状にカットするのがポイント。

PICK UP 3

ひんやりおやつに
つるっとところてん

お店で食べたのをきっかけに、自宅でもところてん突きができるのでは？と思いついたもの。天草をメスティンで煮込み、ザルでこしたら、煮汁を再度メスティンで冷やすだけと、調理法は簡単だが、本格的な味を楽しむことができる。

PICK UP 4

バーナーでじっくり
抹茶パウンドケーキ

「たまには甘いものが良い！」という奥さんのリクエストで作ったパウンドケーキ。市販のホットケーキミックスに抹茶を加えた生地を、メスティンの半量強流し込み、上下左右と回転させながらじっくり焼き上げる。

PICK UP 5

サブ使いもお手の物
おったか燗どころ

居酒屋でお鍋を燗どころにしていたのを見てメスティンで実践。とっくりとの高さもちょうど良く、寒い季節のキャンプではマストに。TVや雑誌、お店で出てきた料理をヒントに、メスティンにアレンジするのが癖になっているそう。

メスティンマニアさんへ
Q&A

Q | おすすめのメスティンお手入れ方法は？

A | 一番のメンテナンスは、こまめに使うことだと思います。私自身、メスティンはひとつしか所有しておらず、500回以上使っていますが、まだまだ現役。ただし、食洗機にはかけないようにしています。変色してしまい失敗した人を何人も見てきました…。丁寧に手洗いすれば十分です。

Q | 初心者でも作りやすいメニューは？

A | 炊き込みご飯がおすすめです。米1合に対して味付けの調味料を加え、水を内側のリベットの半分の位置まで入れて具材を入れて炊くだけ。固形燃料（25g）を使えば、火が消えた頃がちょうど炊き上がりです。夏にはしらすご飯、秋には栗ご飯など、季節の旬を味わうのも楽しいですよ。

ヤマケイオンライン
ユーザーの
アイデア料理

山登り編

ヤマケイオンラインユーザーが、登山で役立つ時短ワザや山登りに最適なアイデア料理をご紹介。

🍴 コマッティ

**コンビニ食材で簡単
チーズタッカルビ**

コンビニで購入したサラダチキンとみたらし団子で、手軽に作るチーズタッカルビ。すべての具材を鍋に入れて煮込み、チーズをのせれば完成。甘いみたらし団子を入れることで、味がより本格的に。具材は袋の上から切れば後片付けも簡単です。

わが太郎

**ボリューム満点
タコライス**

瓶詰めのサルサソースとタコスの具を、米の上にのせるだけで完成するタコライス。タバスコを入れると辛味がアクセントになりご飯がすすみます。お好みで、仕上げにトルティーヤチップスやドリトスをのせても美味しいです！

116

🍴 Phoo

トマトとサバの
アツアツペンネ

茹でたペンネの上に、サバの味噌煮缶とトマトスープの素を入れて混ぜて作りました。トマトは加熱をすると体を温める効果があるので、寒い時期は特にオススメです。味噌とトマトの組み合わせは意外ですが、相性がいいのでお試しあれ。

🍴 1966m

ジャークチキンと
豆ごはん

にんにくや万能ねぎをベースに作られた、スパーシーな調味料「グレース ジャークシーズニング」。これに2日間漬け込んでマリネにし、当日は焼くだけの簡単メニュー。マリネすることで日持ちするので、キャンプに最適です。

🍴 Phoo

おやつにも最適！
ホットック

シンプルで素朴な韓国のお菓子です。生地とあんを事前に作り、山ではあんを包んで焼くだけにしておくと便利です。あんは、シナモンパウダーやくるみを入れると、風味や食感がよくなるのでオススメです。焦げないように弱火でゆっくり焼きあげましょう。

🍴 K@ORI

塩豚のレモン鍋

昆布茶を入れたスープに、塩をふって2〜3日置いた豚肉とその他の具材をすべて投入し、火が通ったらレモンスライスを入れて完成です。塩豚は少し厚めに切ると、食べごたえ抜群です。〆にラーメンやご飯を入れる際は、豚肉の塩分が出ているので、味が濃い場合は湯を足すなどして調整しましょう。

🍴 Phoo

ホクホクじゃがりこグラタン

「じゃがりこ」に熱湯を入れてマッシュ状につぶし、茹でたマカロニとツナ缶を混ぜ合わせます。クリームシチューを上からかけ、とろけるチーズをのせてバーナーであぶったら完成。マカロニは早ゆでタイプ、クリームシチューはかけるだけのものを使って作る、時短メニューなのでオススメです。

🍴 Phoo

ご飯に合う！朴葉味噌

飛騨高山の郷土料理である、朴葉味噌セットが売っていたので購入。水にさらした朴葉に、お好みの牛肉や野菜をのせて香ばしく焼いて食べます。ねぎとしいたけなどの山菜がオススメで、白ご飯との相性も◎。山で食べると元気が出るパワーメニューです。

 コマッティさん

5分で簡単
鶏肉のトマト煮込み

トマトジュースとコーンポタージュの素でスープを作り、千切りキャベツとサラダチキンを入れて煮込みました。材料はすべてコンビニでそろうので嬉しいですね！チーズをのせたり、黒こしょうやパセリをふってアレンジすると、ワインのおつまみにも最適です。

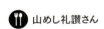 山めし礼讃さん

山の海鮮
XO醬ラーメン

インスタントの塩ラーメンを茹で、かにかまと干しえびを投入。火を止めて、粉末のスープとXO醬をお好みで入れて完成です。少し手を加えることで旨味が引き立ち、本格的な海鮮ラーメンのような味わいになります。普段のラーメンを手軽にグレードアップさせて、山めしを楽しみましょう！

> アイデア満載

メスティンをお弁当箱に！

調理道具としてもお弁当箱としても
活用できるメスティン。
編集スタッフで、連日お弁当箱にして
楽しんでみました。

焼き鮭の和風弁当

調理時間：約20分

MENU
①焼き鮭、②きんぴらごぼう、③だし巻き卵、④ほうれん草のおひたし、⑤青じそ、⑥ご飯＆黒いりごま

POINT
メスティンのアルミの質感と、和風のおかずを合わせて流行りの地味弁に。耐久性だけでなく、デザイン性も優れているので、お弁当箱にぴったり。食物繊維もたっぷり摂れるお弁当です。

しょうが焼き＆
ミニトマトのマリネ弁当

調理時間：約20分

MENU
①しょうが焼き、②いんげんのごま和え、③ミニトマトの和風マリネ、④煮卵、⑤フリルレタス、⑥雑穀米

POINT
玉ねぎたっぷりでボリュームのあるしょうが焼きに、ミニトマトのマリネを添えてさっぱりと。青じそを混ぜて、アクセントをつけました。メスティンは深さがあるのでボリューム弁当にもぴったりです。

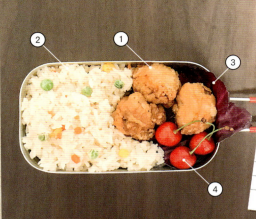

唐揚げ&ピラフ弁当

調理時間：約25分

MENU
①唐揚げ、②グリーンピースとにんじんとコーンのピラフ、③蒸し紫キャベツ、④さくらんぼ

POINT
サラダや果物が入っているときは、メスティンに保冷剤を添えて保冷バッグに入れて持ち運びしています。昼間でもひんやりとしていておいしく食べられ、夏場も安心です。

エビフライのせ弁当

調理時間：約30分

MENU
①エビフライ、②かぼちゃとナッツのクリチサラダ、③紫キャベツのスイチリマリネ、④タルタルソース、⑤粉末パセリ、⑥ご飯

POINT
メスティンは細長い形状をしているので、長さのある食材をそのまま入れられるうえ、インパクトのある見映えになります。アスパラガスの肉巻きや春巻きも簡単に盛り付けられるのでオススメです。

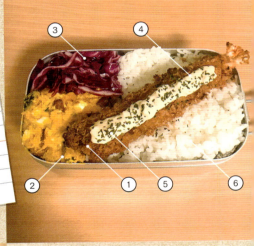

ロコモコ弁当

調理時間：約30分

MENU
①ハンバーグ、②目玉焼き、③茹でブロッコリー、④ミニトマト、⑤フリルレタス、⑥ご飯

POINT
メスティンは深さがあるので、ご飯物や、丼物のお弁当も詰めやすいです。ミニトマトやブロッコリーで彩りをプラスしました。目玉焼きの焼き加減は、好みで調整しています。

そぼろ弁当

調理時間：約15分

MENU
①肉そぼろ、②卵そぼろ、③ゆでさやいんげん、④ご飯

POINT
ポロポロとこぼれやすく盛り付けにくいそぼろは、メスティンの固いフチを利用して一定の高さで平らに盛りつけることができます。真ん中に続きやを添えれば、見映えも彩りも良い弁当が完成。

タコライス弁当

調理時間：約15分

MENU
①タコライスの具、②チーズ、③ミニトマト、④アボカド、⑤フリルレタス、⑥ご飯

POINT
前日のうちにご飯を詰めて冷蔵庫に入れ、当日の朝作りました。メスティンは熱伝導が良いので急冷にもぴったり。夏場でもお弁当が傷みにくいです。トマトとアボカドはたっぷりのせて。

さっぱり明太パスタ弁当

調理時間：約25分

MENU
①明太子パスタ、②ピーマンとちりめんじゃこの山椒炒め、③にんじんとレーズンのサラダ、④赤玉ねぎのマリネ、⑤さくらんぼ、⑥サラダ菜、⑦刻みのり、⑧スライスレモン

POINT
明太子と和えるだけの簡単明太子パスタ弁当です。緑や紫などを使って彩りを良く。メスティンに軽くて容量もたっぷりなので、大食漢のお弁当箱としても十分なボリュームがあります。

焼きそば弁当

調理時間：約15分

MENU
①パプリカ入り焼きそば、②目玉焼き、③紅生姜、④フリルレタス

POINT
メスティンなら焼きそばを調理することができ、同時にフタをフライパンにして目玉焼きを作ることも可能。メスティンでご飯を炊いている間、フタの上にレトルトカレーをのせて、温める時短調理もオススメです。

ウインナーとアスパラのおにぎらず＆オムぎらず

調理時間：約20分

MENU
①焼きウインナー、②ゆでアスパラガス、③キャロットラペ、④オムレツ、⑤フリルレタス、⑥ご飯、⑦ケチャップライス

POINT
切る方向を間違わずに高さと断面が綺麗にできれば、ノーマルサイズのメスティンにジャストサイズで入れられます。メスティンの幅に合わせて具材を包み、形を作るのがコツです。

キャロットラペサンド

調理時間：約20分

MENU
①キャロットラペ、②紫たまねぎ、③フリルレタス、④チーズ、⑤茹でとうもろこし、⑥茹でブロッコリー、⑦茹でにんじん

POINT
市販の食パンを半分に切ると、レギュラーサイズのメスティンにぴったり。きちんと収まることでサンドが型崩れしにくいのも魅力です。また、密閉できるためパンが乾燥する心配もありません。

インスタグラマーの **アイデア** 料理 | お弁当編

メスティンをお弁当箱としても愛用する、インスタグラマーを紹介。メスティンの魅力を今一度チェック!

 @ beparou

なんちゃってロコモコ弁当

**素朴なデザインで
シンプル・イズ・ベストな
ところがお気に入り**

ノーマルサイズのメスティンは、通勤に使うバッグの底や角にジャストフィットし、中身が崩れないため重宝しています。山でお弁当を食べていなくても、メスティンを机に広げてご飯を食べるだけでほっとひと息ついた気分に。

 @ y.m.d.5.5

ミートボールと
チャーシューの仲良し弁当

**いつでもどこでもお手軽に
ご飯を炊けて
温かいまま食べられる**

メスティンがあれば、外で手間をかけずにご飯が炊けるので、野外でご飯を食べるときは必ず持って出かけます。メスティンの中にエスビットのポケットストーブと燃料を収納でき、持ち運びも便利なため愛用しています。

 @gupikozu

紅しょうがの
出汁巻き弁当

**女子にもうれしい大きさで
かわいいお弁当箱よりも
おかずがおいしそうに見える**

メスティンは初めて買ったアウトドアクッカー。使い方も簡単で、ご飯を炊くのはもちろん、焼き鳥の缶詰を入れて炊き込みご飯にしても！網を中に敷けば蒸し料理も可能で、見栄えもよし。ただの飯ごうじゃない、優れ物です。

 @noguts1960

焼き鮭＆
ほうれん草の卵焼き弁当

**ご飯を炊いて
そのままおかずを盛れば
たちまちお弁当が完成**

炊事道具と弁当箱の両方の機能を持ち合わせているので、洗い物が1個で済む利便性が魅力的。形が長方形なのでバッグに入れたときの収まりがよく、見た目はアルミ弁当箱を彷彿とさせるレトロ感があり、気に入っています。

レシピ・アイデア提供者

Sachi

2002年よりパティシエや製菓講師として活動の後、広告、雑誌などでのレシピ制作やフードスタイリング、スイーツ関連のレシピ本を多数執筆するなど、幅広く活躍。近年ではアウトドアの活動も行なっている。

P28	簡単ビリヤニ
P30	塩鮭ご飯
P36	あさりとコーンご飯
P43	味噌煮込みうどん
P50	グラタンドフィノア
P54	レモンパスタ
P56	きのこアヒージョ
P58	鶏手羽中のビール煮
P60	いちじくとオレンジの白ワイン煮
P72	コーヒー蒸しパン
P74	クスクスサラダ
P76	ごちそうポテサラ
P78	ホットサラダ
P86	簡単フレンチトースト
P104	チリコーントマト

寒川せつこ

焚火カフェやさまざまなワークショップで料理を担当。パーティのケータリングも受けるように。面倒くさいのはイヤだ！もったいないことはしたくない！美味しいモノが食べたい！をミックスして日々ご飯を実験中。

P62	旬野菜のゼリー寄せ
P75	りんごとプラムのワイン蒸し
P79	温玉まぜ麺
P82	あさりとそら豆のレモンハーブワイン蒸し
P89	ローストビーフ
P94	豚キムチ厚揚げはさみ焼き
P96	ミートパイ
P98	ホットサンド
P100	スパイスキャロットケーキ
P102	ふわふわお好み焼き

パエリアン

「ソトレシピ」プロデューサー・千秋広太郎と元イタリアンシェフ・藤井尭志によるアウトドア料理ユニット。朝食フェス、CHUMS CAMP、食品メーカーのプロモーションなど、数多くのフードイベントに携わる。PR会社での実務経験を含み、戦略プランニング、フードコンテンツ開発、情報発信、イベントの調理までをワンストップで提供する。

P32	ガパオライス
P34	カオマンガイ
P37	あさりたっぷりパエリア
P38	ドライカレー
P40	W卵の親子丼
P42	のっけオムライス
P52	キャベツのポトフ
P53	鶏肉とトマトのフォー
P55	豚肉・白菜のミルフィーユ鍋
P57	ミックスフルーツコンポート
P59	しらすとブロッコリーの和ヒージョ
P88	新じゃがのジャーマンポテト
P90	ボンゴレビアンコ
P92	オイルサーディンのアラビアータ風
P110	ツナのコクうま燻製
P111	香ばしイカ燻製
P112	絶品子持ちししゃもの燻製
P113	旨味ぎっしり豚燻製

木村 遥

料理研究家・フードスタイリストのアシスタント経験、スタジオ所属を経て、フードスタイリストとして独立。書籍、雑誌、WEB、広告などで活動中。メスティンの使い勝手の良さとスタイリッシュな見た目が気に入り愛用している。

P70	肉詰めズッキーニ
P80	魚介のエスニック蒸し
P81	レモンローズマリーチキン

その他、アイデアなどを提供・協力いただいた方々 →
- メスティンマニアさんほか、インスタグラマーの方々
- ヤマケイオンラインユーザーの方々
- フィグインク編集部（弁当制作）

メスティンレシピ

2018年 7 月30日　初版第 1 刷発行
2020年 7 月25日　初版第15刷発行

著者
メスティン愛好会

発行人
川崎深雪

発行所
株式会社山と溪谷社
〒101-0051
東京都千代田区
神田神保町1丁目105番地
https://www.yamakei.co.jp/

印刷・製本
株式会社光邦

●乱丁・落丁のお問合せ先
山と溪谷社自動応答サービス
TEL：03-6837-5018
受付時間／10:00-12:00
　　　　　13:00-17:30
　　　　　（土日、祝日を除く）

●内容に関するお問合せ先
山と溪谷社
　TEL：03-6744-1900（代表）

●書店・取次様からのお問合せ先
山と溪谷社受注センター
TEL：03-6744-1919
FAX：03-6744-1927

©2018 Yama-Kei Publishers Co.,Ltd.
All rights reserved.
Printed in Japan
ISBN978-4-635-45029-4

●定価はカバーに表示しています。●落
丁・乱丁本は送料小社負担にてお取り
替えいたします。●本書の一部あるいは
全部を無断で転載・複写することは、著
作権者および発行所の権利の侵害になり
ます。あらかじめ小社までご連絡ください。

スタッフ
ブックデザイン
尾崎行欧、宮岡瑞樹、齋藤亜美（oigds）

写真
三輪友紀（STUDIO DUNK）、
後藤秀二、平澤清司、原田真理

校閲
戸羽一郎

編集・執筆
渡辺有祐、日根野谷麻衣、大谷茜（FIG INC.）、
五十嵐雅人（山と溪谷社）

DTP
芝智之（STUDIO DUNK）、二尾剛